Feier Dein Leben –
es könnte Dein letztes sein!

Mach das Beste daraus – auch mit 60+.
Es ist nie zu spät, um glücklich zu sein.

**Mutmacher, speziell für Frauen 60+
für ein Leben voller Erfüllung und
Lebensglück**

Der Sinn des Lebens besteht
darin,
glücklich zu sein

Dalai Lama

Bibliografische Information der Deutschen Nationalbibliothek: Die Deutsche Nationalbibliothek verzeichnet diese Publikation in der Deutschen Nationalbibliografie;
detaillierte bibliografische Daten sind im Internet über dnb.dnb.de abrufbar.

1. Auflage 2019

Heide Dierks
www.heide-dierks.de

Satz: Heide Dierks
Herstellung und Verlag: BoD – Books on Demand, Norderstedt
Umschlaggestaltung: Heide Dierks
Portrait: Shootingspot Studios

ISBN: 9783750407220

Inhaltsverzeichnis

Seite

❖ Sei die Königin in Deinem Leben   7
❖ Heide Dierks   9
❖ Wer ist Heide Dierks?   10-17
    und warum macht sie das?
❖ Alt sein ….   18
❖ Abschied und Neuanfang zugleich   19-23
❖ Man kann einen Menschen ….   24
❖ Nun ist er da, der erste Tag ohne „Arbeit"   25-28
❖ Bewahre das Alter   29
❖ Was bedeutet es überhaupt, eine   30-32
    Frau 60+ zu sein?
❖ Welchen Wolf fütterst Du?   33-34
❖ Du erschaffst immer – so oder so   35
❖ Werde zur Königin, erschaffe Dein   36-37
    Leben neu
❖ Sei achtsam - mit Dir und anderen   38-41
❖ Lachen ist gesund   42-43
❖ Warum ich Dich begleiten mag?   44-46
    Weil Du mir wichtig bist!
❖ Neue Ziele – neues Leben   47
❖ Was bedeuten die Jahre 60+ für Dich?   48-49
❖ Keiner kann zurückgehen ….   50

Inhaltsverzeichnis

	Seite
❖ Kann ich überhaupt ohne Arbeit glücklich sein?	51-54
❖ Werde zur Königin Deines Lebens!	55-56
❖ Ich bin die wichtigste Person in meinem Leben	57-59
❖ Rückblick auf Dein Leben	60-61
❖ Sorge gut für Dich – Du bist gut so wie Du bist!	62-64
❖ Dankbarkeit	65-68
❖ Der Mensch blickt …	69
❖ Vergebung	70-72
❖ Liebe Dich selbst und Du bist glücklich!	73-75
❖ Neue Wege gehen	76-77
❖ Zeit, die wir uns nehmen ….	78
❖ Zeit – Deine neue Lebensqualität	79-80
❖ Viele werden alt ….	81
❖ Wie werde ich mich fühlen?	82-85
❖ Die Kernthemen noch einmal kurz zusammen gefasst	86-87
❖ Danke	88-89
❖ Auf den Punkt gebracht	90
❖ Über Heide Dierks	91-92
❖ Egal woher Du kommst …	93
❖ Bilder	94

Sei die Königin in Deinem Leben

Es gibt zahlreiche Gründe, sich auf die Lebenszeit 60+ zu freuen! Lass Dich mitnehmen und erfahre, wie es Dir garantiert gelingt.

Dir verrate ich meine Geheimnisse und ausgezeichneten Tipps, wie Du Dein Leben neu entdeckst.

Doch eins ist sicher:

Du bist die Schöpferin Deines Lebens

Wenn Du jedoch immer das tust, was Du bisher getan hast, dann wirst Du weiterhin die gleichen Ergebnisse erschaffen, die Du bisher erschaffen hast.

Willst Du das wirklich???

Heide Dierks

Deine Lebensverführerin
Begleiterin für Frauen 60+

Rehmkoppel 1, 22391 Hamburg
Telefon 040 – 668 26 91

www: heide-dierks.de

Wer ist Heide Dierks und warum macht sie das??

Dieses ist kein Sachbuch, denn davon gibt es schon etliche, die sich mit dem Thema der sogenannten 3. Lebensphase beschäftigen.

Ich wende das wertschätzende „Du" an, weil dadurch der innere Kontakt besser hergestellt wird.

Ganz an den Anfang stelle ich folgende Aussage:

Das Altern ist nicht zwangsläufig mit einem Rückgang der Lebensfreude und Lebensqualität verbunden. Vielmehr hängt es davon ab, wie die Lebensumstände sind und wie das soziale Leben gestaltet ist. Geistige Gesundheit ist dabei sehr wichtig. Nach Untersuchungen spielen sogar körperliche Beeinträchtigungen eher eine untergeordnete Rolle.

Es sind Aussagen, Erkenntnisse und Erfahrungen, die nach meinem Eintritt in den sogenannten „Ruhestand" mit anderen und mir selbst entstanden sind.

Dieses e-Book ist der Ausdruck tiefster Dankbarkeit für mein Leben und was es aus mir gemacht hat. Vieles wäre mir alleine nicht gelungen.

Ein einschneidendes Ereignis hat mich ins Chaos geworfen. Alles war auf einmal vorbei. Meine Lebensplanung ging den Bach runter, und auch ich ging fast unter.

Da wieder herauszukommen, gelang mir nicht alleine. Dabei begleiteten mich viele liebevolle Helfer – vor allem meine Familie. Mal haben sie mich getröstet oder angeschubst und dann auch mal in meinen Allerwertesten getreten. Manchmal hat es wehgetan und mich auch verletzt, wenn sie genau ins Schwarze getroffen haben. Auf jeden Fall hat`s genutzt – und nun bin ich die, die ich schon immer hätte sein können/wollen.

Warum mache ich das?

Dabei habe ich erfahren, wie hilfreich, befreiend und verändernd es ist, wenn es Menschen gibt, die mich dahin begleiten, wohin meine Reise gehen kann oder sollte. Sie haben Dinge, Eigenschaften und Qualitäten in mir gesehen, die mir noch verborgen blieben.

All die Hilfe hätte jedoch wenig gebracht, wenn ich nicht selbst entschieden hätte: Ich WILL aus dem Tal wieder an das Licht und in die Liebe kommen. Alle haben meinen Willen, mein Durchhaltevermögen und meine Energie so verstärkt, dass etwas Gutes dabei herausgekommen ist.

Ich habe mir mein Leben zurückgeholt.

So gelang es mir, meine Vergangenheit – all die belastenden Erlebnisse aus meiner Kindheit, die behindernden Glaubenssätze und Vorstellungen – nach und nach aus meinem Leben geheilt zu entlassen.

Meine „Lehrer" haben mir auch beigebracht, meinen Blick aus dem „Opferland" abzuwenden. Sie halfen mir mehr auf das Gute, das es ja zweifellos auch gab, zu schauen.

Je mehr ich mich mit den Lebensumständen meiner Eltern und der damaligen Zeit auseinandersetzte, entwickelte ich Mitgefühl für alle die Auswirkungen, die wir erlebt haben. Es war eine schwere Zeit.

Heute bin ich so dankbar dafür, was mir meine Familie trotz

der widrigen Umstände alles an Liebe, an Werten und Geschenken mitgegeben wurde. Erst als Erwachsene konnte ich diesen Wert erkennen.

Heute bin ich mit allem in Frieden.

Eine besondere Qualität davon ist: Gib nie auf, denn jeder Tag enthält neue Wunder. Auch wenn Du diese noch nicht wahrnimmst, glaube fest daran. Sie geschehen!

Es ist wie mit der Sonne, die hinter den Wolken verborgen ist. Sie ist da, auch wenn sie für Dich unsichtbar ist.

Ich bin frei für mein eigenes Leben

Egal, was in meinem Leben passierte, welche unterschiedlichen Menschen mir begegneten: Ich liebe das Leben und die Menschen. Alles ist voller Überraschungen – gut wie böse. Und dennoch gehört es zu der Polarität, in der wir leben.

Statt Rente ein neues, aufregendes Leben

Wer hätte das gedacht, dass ich mal als Coach, als Deine Lebensverführerin, tätig bin? Am allerwenigsten ich!

Damals war ich schon in einem Alter, in dem sich andere zur Ruhe setzen. Für mich war die Rente ein Startschuss in ein spannendes und neues Leben. Mir erfüllte sich mein größter Wunsch: Erst selbst zu wachsen und zu werden und dann dieses Wissen an andere weiter zu geben.

Auch nach meinem langen Berufsleben von mehr als 40 Jahren, davon 20 Jahre in einer internationalen Firma als Assistentin im Vorstand, wusste ich: Da geht noch mehr!

Mein Leben noch einmal völlig umzukrempeln, das war mein Wunsch. Es begann nochmals eine Zeit intensiven Lernens, die mir so viel Gutes brachte.

Lernen zieht sich wie ein roter Faden durch unsere Familie und damit auch durch mein Leben. Es hört einfach nie auf!

Was sicher ganz erheblich dazu beigetragen hat, ist meine positive Grundeinstellung. In meiner Jugend habe ich gelernt: Hinfallen und aufstehen haben die gleiche Energie – es gibt nicht entweder /oder sondern ein sowohl/als auch.

Im Heute leben, da liegt die Kraft.
Das ist mein Leitgedanke

Wertschätzende Begleitung für mehr Freude und Glück

Heute bin ich 78 Jahre alt und fühle mich lebendig und kraftvoll. Gerne gebe ich mein Wissen – und vor allem meine Lebensfreude und Lebenserfahrung – an andere weiter.

Seit mehr als 15 Jahren begleite ich Menschen dabei, mehr aus ihrer Lebenszeit zu machen. Ihnen dabei zu helfen, sich selbst zu finden und ihre Persönlichkeit zu entwickeln. In tiefgreifenden Prozessen können sie sich aus dem emotionalen Gefängnis befreien, indem sie sich belastender Erinnerungen oder Überzeugungen bewusst werden. Dieses gelingt mir nur, wenn ich mir völlig wertfrei und voller Mitgefühl ihre Geschichte anhöre. Die Liebe ist dabei die größte Heilerin. Der Herzensdialog sind mir dabei gute Verbündete.

Meine Berufung

Jetzt tue ich das, was mir die größte Freude bereitet, diese Zeit auch für andere Menschen leicht und bunt zu gestalten. Dabei zu helfen, das zu befreien, was verschüttet war, damit der Weg in ein glückliches Leben gelingt. Mut zu machen, alte Denk- und Verhaltensmuster loszulassen und völlig Neues zu wagen. Es gibt noch so viel zu entdecken, zu erforschen und zu erleben! Dich auch zu motivieren und zu verführen, damit Du Dich mutig voller Selbstvertrauen, Kraft und Deiner Lebenserfahrung zeigst.

Diese Dankbarkeit, dieses Lebensgefühl und meine Lebensfreude nach außen zu bringen, das ist es, wofür es sich für mich lohnt, zu leben. Wenn die Menschen zu mir kommen und zu erleben, wie sie wieder aufblühen und ihrem Herzen folgen, das belohnt mich. Dann schaue ich in strahlende Augen, erlebe glückliche Menschen – das ist mein Warum. Mehr brauche ich nicht.

In diesem Sinne möchte ich, dass mein e-Book als kleiner Mutmacher verstanden wird.

Bist Du bereit, einen neuen Schritt zu wagen?

Das bin ich auch:
Autorin dieses Buches,
zu kaufen bei Amazon: http://amzn.to/2fVZhf4

Alt sein ist ein herrlich Ding,

wenn man nicht verlernt hat,

was „Anfangen" heißt.

Abschied und Neuanfang zugleich

Du bist noch nicht in Rente, hast jedoch panische Angst davor? Trotzdem sehnst Du das Berufsende herbei. Auch wenn Du aus einem anderen Grund Privatier bist, tauchen wie aus dem Nichts Unruhe und Ängste auf.

Oft entstehen folgende Fragen: Wird das Geld reichen? Was mache ich mit der vielen Freizeit? Wie gestalte ich meinen Alltag? Wie verändert sich meine Partnerschaft? Werde ich einsam sein?

Hast auch Du manchmal Angst?

Natürlich. Angst gehört zum Leben dazu und widerfährt jedem Menschen. Etwas anderes ist es jedoch, wenn Ängste in Deinem Leben dominant werden und Dich hier und dort lähmen. Oder wenn Ängste gar das Kommando in Deinem Leben übernehmen …, dann entfernst Du Dich automatisch von dem Menschen, der Du sein könntest.

Du solltest wissen, dass Angst hauptsächlich dann entsteht, wenn Du die Dinge bewertest, die Dir widerfahren. Sagst Du Dir hingegen, diese Situation ist neutral und Du entscheidest, ob sie für Dich negativ oder positiv ist, dann bist Du machtvoll. Wenn Du Dich mächtig fühlst, dann hat Angst keinen Raum.

Die meisten Probleme und Ängste entstehen ausschließlich im Kopf. Und doch zwingen Dich diese Ängste – genau diese angstbesetzten Vorstellungen, die nie Wirklichkeit werden – in eine lebenslange Vorsichtshaltung. **Das muss Du Dir einmal vorstellen:** Unwirkliche Ängste, die bar jeder Realität sind, huschen wie Gespenster durch Dein Leben und verhindern, dass Du zu dem wirst, die Du wirklich bist!

Angst lähmt. Angst hält uns klein. Angst hält uns gefangen. Angst ist das Gegenteil von Freiheit. Deshalb solltest Du lernen, Dich von gefährlichen Ängsten zu befreien. Du fragst Dich: Jedoch wie?

Die Macht unserer Gedanken

Mach Dir bewusst: Du bist Deinen Ängsten nicht schutzlos ausgeliefert. Du hast jederzeit die Macht, Situationen zu interpretieren. Wie Du das machst– das liegt in Deiner Verantwortung.

Gehe dabei vor wie ein Alchemist, der alles in Gold umwandelt. Damit sammelst Du Beweise für Dein Unterbewusstsein. Wenn dann Deine Ängste hochkommen, die meistens niemals Realität werden, so kannst Du auch in Deinem Kopf wie ein Alchemist handeln. Du kannst Dir dann sagen: „Ganz gleich, was gerade passiert, ich werde es in Gold verwandeln." Je mehr Du diese Fähigkeit trainierst, umso furchtloser und glücklicher wird Dein Leben.

Was wirklich zählt: Wie betrachtest bzw. bewertest Du Dein Leben oder die eintretenden Situationen?

Dass Dich diese oder ähnlich angeführte Fragen beschäftigen, das ist völlig normal. Irgendwie haben wir das oftmals gar nicht auf dem Schirm, dass es ja ganz anders sein kann als es in der Vergangenheit war. Dabei kann so viel Neues, Unerwartetes, Spannendes und Beglückendes entstehen.

Jetzt ist die Zeit, ein wenig Gas wegzunehmen. Muße einkehren zu lassen. Mehr und mehr Deinem Herzen zu folgen.

Wenn Du es bis hier hin geschafft hast, wirst Du auch diesen Lebensabschnitt meistern. Schließlich hast Du ja schon einen großen Teil des Lebens hinter Dir. Vieles hast Du erlebt, überwunden, überstanden, ausprobiert und bist immer wieder aufgestanden. Das ist doch ein Grund zum Feiern!

Vertraue auf Deine Dir innewohnende Kraft, die doch bleibt. Vergiss nicht die Liebe zu Dir selbst, damit jetzt etwas wundervoll Neues entstehen kann.

Der Übergang

Und dann endet das Arbeitsleben doch so abrupt von einem

Tag auf den anderen. Innerlich sind wir auf diesen Schritt noch nicht wirklich vorbereitet. Deine Erwartungen sind groß und die Vorstellungen, wie es sein wird, sind sehr unterschiedlich.

Du stehst nun am Anfang eines neuen Lebensabschnittes und einer neuen Zeit, die erst einmal ins Ungewisse führt. Diese Zeitspanne von mindestens noch einem Viertel des Lebens oder noch die nächsten 20 bis 30 Jahre wollen erfüllt und glücklich gelebt werden.

Jetzt hast Du die Chance, Deinem Herzen zu folgen und bewusst Dein eigenes Leben zu gestalten.

Dieser Wechsel in die „Wendejahre" ruft nach einem bewussten Neuanfang, damit die neue Lebensphase zu einer der erfüllendsten in Deinem Leben werden kann. Dein Leben ist ein kostbares Abenteuer der Selbsterkenntnis.

Lass dich mitnehmen auf eine kleine Reise zu Dir selbst. Dir verrate ich ein paar Geheimnisse, die mir sehr geholfen haben, die Herausforderung gut zu überstehen.

Lass Dir zeigen, wie es Dir leichter fällt, neue Schwerpunkte zu finden und Dich umzustellen. Der Weg wird nun zum

Ziel für Dich und Dein Herz wird Dir diesen weisen. Das ist eine spannende Chance, die Du nutzen solltest. Komm mit und lass Dich inspirieren.

Man kann einen Menschen nichts lehren,

man kann ihm nur helfen,

es in sich selbst zu entdecken

Galileo Galilei

Nun ist er da, der erste Tag ohne „Arbeit"

Heute ist Dein erster Tag ohne Deinen Beruf und Dir ist bewusst, ja, diese Zeit ist endgültig vorbei.

Alles ist so still in Deinem Haus. Dein Mann ist wie immer arbeiten gegangen. Du bist allein zu Hause und fühlst Dich auch so. Dir fehlt auf einmal die Motivation, irgendetwas zu tun. Du fühlst Dich auch einsam, fast ein wenig depressiv.

Und so stehst Du morgens etwas verloren vor Deinem Spiegel und schaust Dich nachdenklich an. Du fühlst Dich ein wenig traurig und fragst Dich innerlich „Soll das schon alles gewesen sein?" „Gehöre ich nun zum alten Eisen?" „Hat das Leben nicht noch mehr zu bieten?

Wie Du Dich gerade fühlst, kann ich sehr gut nachempfinden, da ich diesen Schritt schon gegangen bin.

Mit einem Ruck wird der Schalter Deines Lebens umgelegt. Oftmals von 100 % Leistung im Job und nun total unterfordert – eine gewisse Leere ist in Dir. Alles was Dir wertvoll war, Deine Wertschätzung im Beruf – geht auf Null zurück. Dein soziales Netzwerk von Kollegen existiert nicht mehr und ein neues ist noch nicht in Sicht.

Und auch wenn Du mit einem guten Gefühl die Firma verlassen hast, tut Abschied weh. Vieles was Dir so vertraut war, vermisst Du jetzt.

Lass Dir Zeit für Deinen Kummer und erlaube Dir alle Deine Gefühle – auch Weinen hilft manchmal.

Falls Du einen Hund hast, gehe mit ihm viel spazieren und erzähle ihm alle Deine Gedanken und Gefühle, die Dich bewegen. Er wird Dir liebevoll zuhören und Dir auch nicht widersprechen oder Dich beschimpfen. Das hilft, wenn Dich niemand so richtig versteht – und Du Dich manchmal auch nicht.

Du gönnst Dir bewusst diese Zeit der Innenschau und fühlst: Das brauche ich, um mich neu zu sortieren. Irgendwie hast Du es genossen, mal so ganz ohne Verpflichtungen zu sein. In den Tag hinein leben…. und das ohne Schuldgefühle.

Trotzdem fühlt es sich für Dich irgendwie komisch an, so ohne den gewohnten Ablauf des Tages.

Irgendwann stellt sich für Dich der Zeitpunkt ein, wo Du entscheidest: Jetzt ist genug mit „Rumgammeln". Ich mach mich auf den Weg. Bin jetzt bereit für das Abenteuer Leben.

Eins weißt Du ganz genau: Du willst Dein Leben noch in vollen Zügen genießen, vieles nachholen, wofür vorher wenig Zeit war und viel Neues ausprobieren. Noch weißt Du nicht, wie Dir das gelingen soll.

Willst Du herausfinden, wie Du es schaffst, Deinem Leben einen neuen Inhalt oder Sinn zu geben? Bist Du auch bereit, Dich neu zu orientieren, damit Du morgens den Tag mit strahlenden Augen begrüßen kannst?

Damit es Dir gelingt, verrate ich Dir einige **Geheimnisse und** gebe Dir **wertvolle Tipps**, wie Du für Dich mit dieser gewonnenen Lebenszeit ein außergewöhnliches Leben voller Leichtigkeit und Lebensfreude erschaffst.

Es wird sich nur dann etwas ändern, wenn Du mutig bist und Dich traust, Dein Leben selbst in die Hand zu nehmen und Deinen Focus zu wechseln.

Eine kleine Metapher:

Freu Dich drauf, denn das Beste kommt meistens zum Schluss:

So wie die Äpfel erst im Spätsommer so richtig reif und süß schmecken und die Blätter auch erst ihre Farbenpracht im Herbst zeigen, erfahren wir meist erst in unseren reiferen Jahren die Fülle und Erfüllung. Oft ist damit das tiefe Gefühl der Freude am eigenen Sein verbunden. Jetzt ernten wir die Früchte unserer vielfältigen Erfahrungen.

Bewahre das Alter

Jugend ist nicht ein Lebensabschnitt,
Jugend ist ein Geisteszustand.
Sie ist Schwung des Willens,
Regsamkeit der Phantasie, Stärke der Gefühle,
Sieg des Mutes über Feigheit.

Niemand wird alt
weil er eine Anzahl von Jahren hinter sich gebracht hat.
Man wird nur alt, wenn man seinen Idealen Lebewohl sagt.
Mit den Jahren runzelt die Haut,
mit dem Verzicht auf Begeisterung aber runzelt die Seele.

Du bist so jung wie Deine Zuversicht,
so alt wie Dein Zweifel.
So jung wie dein Selbstvertrauen, so alt wie deine Furcht.
So jung wie deine Hoffnungen,
so alt wie deine Verzagtheit.

Solange die Botschaften der Schönheit,
Freude, Kühnheit und Größe dein Herz erreichen,
solange bist du jung.

Albert Schweitzer

Was bedeutet es überhaupt, eine Frau 60+ zu sein?

Ein Lebensabschnitt endet und ein neuer beginnt. Viele können sich mit dem Etikett „Rentnerin" nicht wirklich anfreunden, weil es so belegt ist. Allzu sehr riecht es nach Mottenkugeln, Tauben füttern, Kinderwagen schieben oder Schrebergarten.

Lass Dir nichts einreden: Egal wie alt Du bist, die beste Zeit Deines Lebens liegt noch vor Dir. Du bist ein Wunder, umgeben von Wundern. Es erwarten Dich noch viele Wunder. Freu Dich darauf!

In unserer Gesellschaft gibt es keinen wirklich passenden Namen für diese Altersgruppe. Sie will uns einreden, dass es fast unmoralisch sei, alt zu werden. Es scheint, dass gegen diese Altersgruppe angekämpft werden muss, weil sie ständig zunimmt.

Diese Zeit als „Restzeit" anzusehen, ist für mich überholt, denn die Lebenserwartung steigt ständig – mindestens 20 Jahre können wir noch erleben. Deshalb ist es wichtig heraus zu finden, wie Du Deine Lebensqualität steigern kannst und vorbereitet bist auf die umwälzenden Veränderungen, die in den nächsten 10-15 Jahren auf uns zukommen werden.

Ich glaube, es ist ein wirkliches Umdenken in der Gesellschaft und bei jedem Einzelnen angesagt. Über einen souveränen Umgang mit dem eigenen Alter sollte nachgedacht werden..

Klar, gehören wir zu den Alten (oftmals nur auf dem Papier), Dazu stehen wir auch. Doch uns gebührt, respektvoll behandelt zu werden. Deshalb sind wir mutig und wehren uns gegen jede Form von Diskriminierung.

Wir lassen uns auch in keine Schublade stecken! Lass Dir Deine Würde, Deine Lebensqualität und Deine Freiheit von niemandem nehmen.

Gerne bin ich bereit, Dir zu helfen, Dein Selbst-bewusstsein zu steigern, Dich auf Deine Stärken zu besinnen und bewusst zu leben. Du wirst Dir darüber klar, wer Du bist und womit Du Dich identifizierst. Wenn Du das alles weißt, dann ist es letztendlich egal, wie Du genannt wirst.

Wie immer liegt es an mir selbst, welche Bedeutung ich einem Begriff verleihe – es ist doch nur ein Wort.

Für mich hört sich „Senior/in" richtig gut an. Denn schon immer werden die erwachsenen, reifen Mitglieder einer Gemeinschaft so bezeichnet.

Sie besitzen Lebensweisheit, sind reich an Erfahrung, strahlen Gelassenheit und Güte aus, wägen ab und bleiben geistig aktiv.

Welchen Wolf fütterst Du?

Eines Abends erzählte ein alter Cherokee-Indianer seinem Enkelsohn von einem Kampf, der in jedem Menschen tobt.

Er sagte: *"Mein Sohn, der Kampf wird von zwei Wölfen ausgefochten, die in jedem von uns wohnen.*

Einer ist böse. Er ist der Zorn, der Neid, die Eifersucht, die Sorgen, der Schmerz, die Gier, die Arroganz, das Selbstmitleid, die Schuld, die Vorurteile, die Minderwertigkeitsgefühle, die Lügen, der falsche Stolz und das Ego.

Der andere ist gut. Er ist die Freude, der Friede, die Liebe, die Hoffnung, die Heiterkeit, die Demut, die Güte, das Wohlwollen, die Zuneigung, die Großzügigkeit, die Aufrichtigkeit, das Mitgefühl und der Glaube."

Der Enkel dachte einige Zeit über die Worte seines Großvaters nach und fragte dann: *"Welcher der beiden Wölfe gewinnt?"*

Der alte Cherokee antwortete: *"Der, den du fütterst."*

Welchen Wolf fütterst DU?

Womit beschäftigst du dich gedanklich oder besser gesagt:

Was beschäftigt dich in deiner Gedankenwelt?

Viele Menschen meinen ja, sie sind dem ausgeliefert und man könne nichts gegen so daherkommende negative Gedanken tun.

Gedanken sind wirkende Kräfte

Du erschaffst immer – so oder so?

Gedanken/Gefühle

= **Handlung**

= **Ergebnisse**

= **Deine Realität**

Werde zur Königin - erschaffe Dein Leben neu

„Alt werden" und „Jung bleiben" bleiben? Wie soll das gehen? Dieses geschieht eindeutig im Kopf, denn das ist von unseren Gedanken abhängig, für die wir uns entscheiden. Die Wissenschaft hat das inzwischen ebenfalls herausgefunden: Es ist eine Frage des Kopfes und unseres Bewusstseins.

Ob unsere Ausstrahlung uns im fortgeschrittenen Alter zehn Jahre jünger oder älter erscheinen lässt, entscheidet vor allem unser Denken und unser Bewusstsein.

Das hat auch schon Boris Becker erkannt: „Gewonnen oder verloren wird zwischen den Ohren".

Ich verrate es Dir noch einmal, weil es so wichtig ist: **Gedanken sind wirkende Kräfte.** Abgewandelt heißt das, es hat nichts mit dem eigentlichen Alter unseres Körpers zu tun, sondern nur, welche Gedanken und Bilder Du in Deinem Kopf erzeugst. Wenn Du noch Deine Vorstellungskraft dazu nimmst und Dir ausmalst, wie schön Du Dir Dein Leben gestalten möchtest, kannst Du sicher sein, dass es sich so zeigt.

Der Geist formt die Materie, also auch Deinen Körper und Dein Leben. Es liegt an Dir, wie Du Dir Deine letzten Jahrzehnte erschaffst. Alles Denken und Handeln erschafft Deine Realität.

Werden sie zu den schönsten, erfülltesten und beglückendsten? Das bestimmst Du selbst durch Dein Denken, Deine Sprache und Dein Handeln.

Du bist Deine eigene Schöpferin und Königin. Genieße jeden Schritt auf Deinem einzigartigen Pfad. Nur Du kannst diesen gehen!

Sei achtsam – mit Dir und anderen

Wir Menschen neigen dazu, uns in Gedanken zu verlieren und alles Mögliche auszumalen – das Kopfkino startet: Was wäre …, was hätte alles, …wenn ….

Wir sind wirklich gute Märchenerzähler. Zum Glück wird vieles davon nie Wirklichkeit!

Wir denken nur zu ca. 10 % bewusst und zu 90 % unbewusst. Du entscheidest, was Du denkst, wie Du Dich fühlst, wie Du handelst und was Du aussendest. Unser Unterbewusstsein ist sehr mächtig und will Dich nur vor Unbekanntem schützen. Er greift auf das zurück, was er abgespeichert hat – auf seiner Festplatte. Deshalb ist die Gewohnheit so mächtig.

Beobachte Deine Gedanken, denn sie haben sehr unterschiedliche Auswirkungen – sie bestärken Dich oder ziehen Dich herunter.

Eine gute Freundin sagte mal zu mir: „Denke einen Gedanken und mache danach einen Punkt." Das funktioniert bei mir ganz prima – Danke nochmals.

Kennst Du das auch? Du hast einen super Tag, alles ist toll. Doch plötzlich tritt eine unangenehme Situation ein. Dein Kopf fängt an zu rattern und sofort ist Deine Stimmung im Keller.

Falls Dir dieses wieder mal passiert und der Gedankenfluss macht mit Dir was er will, dann unterbrich ihn sofort.

Denke einfach neu. Frage Dich, ob Dir diese Gedanken gut tun oder Du nur wieder vergangene Erfahrungen hervorkramst.

Probiere es aus: Es ist unmöglich, gleichzeitig zwei Gedanken in Deinem Kopf zu haben.

Ja, Du kannst lernen, Deine Gedanken zu steuern und zu kontrollieren. Klar, dauert es und ein wenig üben solltest Du es schon. Auf einmal merkst Du – es ist Dir in Fleisch und Blut übergegangen. Dann läuft es automatisch ab – wie beim Autofahren.

Starte doch mal ein kleines Experiment

Wenn Du magst, sei gespannt, was passiert und wie Dein Körper auf Deine Worte reagiert:

Du sagst Dir zum Beispiel vor dem Spiegel morgens diesen Satz in dem entsprechenden Tonfall und der Mimik dazu: „Uuh, wie sehe ich denn heute wieder aus?"

Kannst Du wahrnehmen, was sofort in Deinem Körper passiert? Wie verändert sich Deine Haltung? Fühlst Du Dich mies oder kleiner werden?

Zack, gute Laune adé!

Jetzt sagst Du Dir voller Freude und Begeisterung diesen Satz: „Oh, heute sehe ich wirklich super aus!"

Schon während Du diesen Satz aussprichst, spürst Du die Freude in Dir aufsteigen. Dein Körper richtet sich auf. Du hast automatisch ein Lächeln im Gesicht.

Gute Laune ist für den Tag vorprogrammiert!

Ist es dann nicht sinnvoller, sich gute und bestärkende Gedanken zu machen? Wie sagt mein alter Meister immer: Üben, üben, üben ...

Humor rettet noch jede miese Stimmung. Vergiss auch nicht, mal über dich selbst zu lachen. Sei stolz auf jede Lachfalte in deinem Gesicht!

Lachen ist gesund

Sicher kennst Du diesen Spruch: Lachen ist gesund – und das ist es wirklich! Wissenschaftler haben die Auswirkungen untersucht und folgendes herausgefunden.

Ist Dir dieses auch schon passiert? Jemand fängt herzhaft an zu lachen und steckt automatisch alle anderen an. Eine fröhliche Runde entsteht und Du fühlst Dich mit allen verbunden. Schlechte Laune ist verflogen, weil jede/r völlig entspannt ist. Ihr genießt einfach das Zusammensein.

Sogar Stress wird durch Lachen reduziert, das Immunsystem gestärkt, der Blutdruck kann sich senken und Schmerzen können gelindert werden.

Deshalb gehen Clowns u.a. in Krankenhäuser, um durch Lachen den Kindern die Schmerzen zu nehmen. Auch, um den Aufenthalt ein wenig fröhlicher zu gestalten und die Kinder glücklicher zu machen. Für eine Zeit vergessen sie dann den Alltag.

Erinnere Dich an all die guten Eigenschaften und lache mehr, um Dich selbst zu stärken.

Dieses ist meine liebe Patentante an ihrem Geburtstag von 102 Jahren!

WARUM ich Dich begleiten mag?
Weil Du mir wichtig bist!

Meine Jugend und Kindheit war durch Krieg, Mangel und einer einengenden Gedankenwelt geprägt. Das Außen war wichtiger als die Innenwelt. In all der Schwere wurde bei uns trotzdem viel gelacht. Humor macht eben vieles erträglicher.

Das Leben wurde so angenommen wie es war - mal oben, mal unten - wie eine Wellenbewegung.

Bis ich 40 Jahre alt war, lebte ich ein angepasstes Leben. Richtete mich immer danach, was andere von mir wollten – und mir ging es wirklich schlecht damit. Irgendwie vergaß und verbog ich mich, denn ich wollte geliebt werden und dazu gehören.

Mein Wendepunkt

Erst durch einen Schicksalsschlag fing ich an, meine Persönlichkeit zu entdecken und zu formen, Wissen aufzunehmen und immer mehr zu vertiefen.

Meine größte Krise zog mich fast in den Abgrund.

Doch nach so vielen Jahren Abstand sage ich heute: Danke, dass mir dieses passiert ist.

Mit liebevoller Unterstützung anderer kroch ich wieder aus dem Loch. Es war meine größte Chance und mein Wendepunkt, denn jetzt MUSSTE ich etwas ändern. Das Leben forderte mich richtig heraus.

Als Geschenk drehte sich mein Leben buchstäblich um 180 Grad.

Danach lebte ich MEIN Leben, das so viel „MEHR" für mich bietet. Alles, was ich erlebt, durchlebt, erfahren, erprobt, verworfen, mit Tränen garniert habe – machen mich jetzt zu einer glücklichen Frau mit fast 80 Jahren.

Bei mir sind es schon fast 18 Jahre her, dass ich mein Berufsleben beendete. In so vielen Dingen habe ich mein Denken verändert, vieles hinter mir gelassen – und alles verwandelte sich zu meinem Besten.

Schon vorher habe ich mir überlegt, was ich tun werde und

wie ich die nun freie Zeit für mich sinnvoll gestalte.

Ich wusste, dass ich Menschen begleiten, inspirieren und „verführen" möchte, um mit ihnen Lösungen für ein unbeschreiblich schönes und erfülltes Leben zu finden – auch für die Lebenszeit 60+. Langeweile hatte ich noch keinen einzigen Moment.

Gerne verrate ich Dir nun ein paar wenige Geheimnisse, die Dir helfen könnten, Deine Fragen zu beantworten und Deine Unsicherheiten auszuräumen, damit du voller Freude und Neugier am Leben in jeden Tag startest.

Neue Ziele – neues Leben

Eine Ära geht zu Ende und jetzt ist es so weit:

Dein neues ungewohntes Leben beginnt. Einerseits freust Du Dich darauf und auf der anderen Seite schwirren Dir viele Fragen in Deinem Kopf herum.

Sei mutig und lasse Dich ganz darauf ein – Du wirst reichlich belohnt werden!

Den Lebensnavigator neu justieren

Jetzt gilt es für Dich, neue Ziele zu finden. Ohne ein Ziel zu haben, wirst Du auch nicht ankommen. Deshalb ist es wichtig, Dir genau zu überlegen,

> ➢ wie möchte ich leben?
> ➢ was ist mir wirklich wichtig?
> ➢ wie gestalte ich mir mein Umfeld?
> ➢ wozu habe ich am meisten Lust?
> ➢ was darf und kann ich jetzt beenden?
> ➢ in welchen Lebensbereichen darf ich etwas ändern?

Was bedeuten die Jahre 60+ für Dich?

Wenn Du magst, dann beantworte Dir ganz ehrlich, welche Gedanken Du über die Jahre 60+ hast.

Ist Dir etwas mulmig, wenn Du daran denkst? Hast Du vielleicht die Vorstellung, danach kommt nichts mehr für Dich?

Oder fühlst Du Dich gut versorgt und freust Dich darauf? Glaubst Du sogar, jetzt fängt Dein Leben erst richtig an? Alles wird spannend und ist voller Abenteuer?

Lass Dich von diesem Lied inspirieren und höre Dir doch mal an, was Udo Jürgens dazu singt. Er beschreibt dieses Abenteuer wirklich sehr gut, macht Mut, anders zu sein.

Wenn Du willst, wartet dieses alles auf Dich.

Lass Dich mitnehmen von diesem Lied und probiere so viel wie möglich für Dich aus. Je mehr, umso besser!

Hier ist der Titel des Liedes von Udo Jürgens:

Ihr werdet Euch noch wundern, wenn ich erst Rentner bin!

(Auf You Tube kannst Du Dir dieses Lied herunterladen)

Viel Freude beim Anhören. Selbst habe ich das Lied schon so oft gehört, doch ich freue mich immer wieder daran.

Wie Maria Robinson (Autorin) sagt:

„Keiner kann zurückgehen und

einen neuen Anfang machen,

doch jeder

kann heute anfangen und

ein neues Ende gestalten."

Kann ich überhaupt ohne „Arbeit" glücklich sein?

Das ist die Frage überhaupt.

Für Dich geht es darum, herauszufinden, wo und wie findest Du Dein Glück? Erlaubst Du Dir dieses neue „Ende" ohne Schuldgefühle zu gestalten?

Ja, steh voll dazu – Du darfst! Jetzt hast Du wirklich Zeit und Muße, herauszufinden, was Du noch **wirklich, wirklich** in Deinem Leben willst. Vertraue darauf, Dein Herz wird Dich führen.

Jetzt ist die Zeit, um neue Partnerschaften einzugehen. Wie wäre es denn mit dieser?

Gehe bewusst langsam den Schritt in die Umstellung. Auch Muße und Leichtigkeit zu genießen, will wieder gelernt sein.

Sei liebevoll zu Dir, denn auch für Deinen Körper ist das „Nichtstun" eine Herausforderung.

Jahrelang war er daran gewöhnt, zu bestimmten Zeiten aufzustehen, das Frühstück im Stehen einzunehmen oder gar nicht zu essen. Viele Dinge hast Du gleichzeitig getan, und immer hattest Du zu wenig Schlaf. In Deinem Kopf spielten die Gedanken verrückt, was noch alles getan und erledigt werden müsste – ob im Büro oder zu Hause. Die Wochenenden waren oft zu kurz und Du fühltest Dich überfordert.

Jetzt könntest Du länger schlafen, doch um 6.00 Uhr morgens bist Du hellwach. Dein Körper kann die Gewohnheit nicht so einfach ablegen.

Deshalb ärgere Dich nicht und starte einmal anders in den Tag.

Möglicherweise stehst Du trotzdem auf und gehst ganz bewusst in Deinen Garten. Du genießt den Luxus, die kühle und gut riechende Luft tief einzuatmen. Du nimmst Dir Zeit, die Blumen in ihrer Schönheit zu betrachten und berauschst Dich an ihrem Duft. Dabei wird Dir bewusst, wie sehr Du dieses alles vermisst hast.

Wenn Du magst, probiere doch diese **kleine Übung** für Dich aus:

Stell Dich mit geschlossenen Augen hin, fühle ganz bewusst, wie Du durch die Nase einatmest und durch den leicht geöffneten Mund wieder aus.

Sei ganz achtsam. Atme ein paar Mal tief ein und aus. Dann lege Deine Hände auf Dein Herz und spüre, wie lebendig es ist. Es schlägt nur für Dich! Nimm wahr, wieviel Liebe darin für Dich gespeichert ist. Lass Dir Zeit … und fühle …

… dann beendest Du in Deinem Tempo diese kleine Übung.

Indem Du Deine ganze Aufmerksamkeit für Momente der Stille auf Dein Herz lenkst und dieses sanft berührst, werden biochemische Reaktionen ausgeschüttet. Diese lösen ein bestimmtes Gefühl aus, weil sie Glückshormone erzeugen. Es ist ein Gefühl der Sicherheit und der Harmonie.

Langsam schlenderst Du wieder in Dein Haus zurück und bereitest Dir Dein Frühstück und kochst Deinen Kaffee oder Tee. Der Duft steigt in Deine Nase. Genüsslich isst Du Dein Brot oder Müsli und lässt Dir richtig Zeit.

Was für ein Geschenk, diese Ruhe und Muße. Luxus pur. Irgendwo hörst Du ein Musikstück, das Deinen Tag noch schöner macht. Deine Ohren und Dein Herz sind geöffnet und Du lässt den Tag langsam angehen.

Werde zur Königin Deines Lebens!

Nur weil Du eine Frau 60+ bist, ist Dein Leben doch nicht vorbei! Vielleicht fängt es jetzt gerade erst an, weil Du Dich traust, vieles auszuprobieren.

Voller Dankbarkeit schaust Du auf den Teil zurück, der viele Verpflichtungen mit sich brachte. Die Kinder sind groß und aus dem Haus, gehen ihren eigenen Weg. Dein Berufsleben ist auch abgeschlossen.

Jetzt hast Du Zeit und Muße, herauszufinden: Wie will ich überhaupt leben? Was mache ich mit dem Rest dieses Lebensabschnittes?

Nimm Dir Zeit für Deine Träume. Egal wie verrückt sie für andere erscheinen. Es geht nur um Dich!

Je mehr Du Dir Dein Wunschleben ausmalst, desto klarer wird Dein Weg. Je öfter Du das tust, umso reicher und erfüllter wird sich Dein Leben anfühlen.

… und dann lebst Du genau Dein Leben, Deine Träume und erfüllst Dir viele Deiner Wünsche.

Diese können ganz klein sein – mitten in der Woche in der Sonne in einem Café sitzen. Die Menschen beobachten und genießen. Du bist erfüllt, zufrieden und voller Glück. Deine Lebensfreude ist Dir anzusehen. Damit steckst Du auch andere an und sie unterhalten sich angeregt mit Dir. Diese Freude hebt Deine Lebensenergie an, gibt Dir Kraft und Vitalität.

Dadurch bleibst Du jung und attraktiv, denn Du strahlst eine wunderbare, lebendige und anziehende Energie aus. So lange Du neugierig bleibst, Dich in kleinen Schritten veränderst, geht es ganz einfach. Du legst Dein eigenes Tempo fest, mit dem Du Dich wohlfühlst.

Eile ist vorbei. Mit Bedacht kannst Du jetzt wählen. Niemand drängt Dich.

Ich bin die wichtigste Person in meinem Leben

Wie fühlst Du Dich, wenn Du diesen Satz liest? Was macht er mit Dir? Geht es Dir gut damit?

Lass diesen Satz mal in Dir wirken. Egal was Dir Dein Kopf so zuflüstert, ignoriere es! Achte und feiere Dich mit dieser Aussage selbst, denn Du bist und bleibst die wichtigste Person.

Dieser Satz ist Lebenselixier für Dich. Vielleicht magst Du ihn Dir aufschreiben, auch wenn es sich (noch) komisch anfühlt.

Hole Dir einen besonders schönen Zettel und einen Stift mit goldener Tinte. Du schreibst in Schönschrift auf:

„Ich bin die wichtigste Person in meinem wunderschönen, aufregenden Leben."

Das empfehle ich Dir: Klebe diesen Zettel an einen Ort, wo Du ihn häufig siehst.

Sei erfinderisch. Du wirst den für Dich richtigen Platz finden, so dass Du ihn schon morgens als erstes siehst.

Damit startest Du dann in den Tag. Nach kurzer Zeit wirst Du spüren, wie sich Deine Laune hebt und Du freudig den Tag begrüßt.

Wiederhole dieses so lange, bis Du mit jeder Faser diese Wahrheit spürst: Ich bin die wichtigste Person in meinem Leben.

Brauchst Du Hilfe dafür, um Dir das zuzugestehen?

In meinen persönlichen Coachings gibt es sehr hilfreiche Tools, die Dir sehr einfach helfen, das zu erreichen, was Du Dir wünschst. Dich dabei zu begleiten, Dir das Leben einer Königin in ihrem eigenen Reich zu erschaffen, dafür bin ich da.

Du hast ja schon erfahren, **Gedanken sind wirkende Kräfte.**

Deshalb nimm Dir – wenn Du magst – täglich ein paar Minuten Zeit nur für Dich, um Dich selbst positiv einzustimmen.

Übung

Suche Dir einen Platz, an dem Du ungestört bist. Für einen Moment schließe Deine Augen. Stelle Dir innerlich vor, wie das von Dir gewünschte Leben in allen Einzelheiten entsteht. Je bunter und lebendiger Du es Dir erschaffst, es mit allen Sinnen wahrnimmst, desto leichter kann es sich im Außen verwirklichen.

Kreiere Dir ein klares Bild davon, wie Du sein möchtest und leben willst. Je intensiver Du das fühlst, bemerkst Du, wie Dich Freude und Glücksgefühle durchströmen.

Energie folgt der Aufmerksamkeit. Sei deshalb sehr achtsam, was Du Dir wünschst.

Alles manifestiert sich, auch das, was Du **nicht** möchtest. Deshalb denke, spreche und schreibe das, was Du in Dein Leben ziehen willst.

Rückblick auf Dein Leben

Gönne Dir Zeit und Muße, Dein Leben zu reflektieren. Vielleicht gehen Dir folgende Fragen durch den Kopf:

➤ Was ist zu kurz gekommen, weil Du Familie, Haushalt und Beruf unter einen Hut bringen musstest?

➤ Vielleicht denkst Du auch: Hätte ich doch weniger gearbeitet und meinen Beruf nicht so wichtig genommen.

➤ Was bedauerst Du, nicht so gelebt zu haben, weil Dir der Mut dazu fehlte, Dein eigenes freies Leben zu leben?

➤ Welche Dinge, die Dir lieb waren, hast Du einfach aufgegeben?

➤ Ist es Dir gelungen, Deine wahren Gefühle auszudrücken oder hast Du diese häufig herunter geschluckt?

Dieses Fragen stellen sich viele Menschen, wenn ihr Leben zu Ende geht. Oftmals bedauern sie, sich diese Zeit nicht genommen zu haben.

Wenn Du diese Fragen für Dich geklärt hast, kannst Du einiges davon verbessern, wieder aufleben lassen oder nachholen.

Du wirst bemerken: Allein schon bei dem Gedanken daran, was Du nun auf den Weg bringen willst, spürst Du die Vorfreude. Diese ist Dein Motor und hilft Dir, es auch in die Tat umzusetzen.

Sorge gut für Dich - Du bist gut so wie Du bist!

Klingt das für Dich ein wenig herausfordernd?

Tu mal so, als ob Du diesen Satz glauben würdest. Was geschieht mit Dir? Taucht da ein JA zu Dir selbst auf? Du bist doch mit Dir ganz alleine und darfst Dich auch mal so sehen und fühlen. Deinem Kopf hast Du Redeverbot erteilt, denn für Deine Gefühle bist alleine Du verantwortlich.

Du kannst die Dir schon bekannte Vorgehensweise anwenden, indem Du auf einen Briefbogen schreibst:

„Ich sorge gut für mich und bin gut so wie ich bin".

Geht es Dir gut, geht es auch allen anderen gut. Das ist pure Selbstliebe und kein Egoismus! Du strahlst diese Freude und Gelassenheit aus und beschenkst andere Menschen damit. Diese Einstellung wirkt sich auf alle Deiner Lebensbereiche aus und Du ziehst immer mehr Menschen an, die gerne mit Dir zusammen sein möchten.

Wer tut mir noch gut?

Dazu gehört auch, herauszufinden, welche Menschen Dich glücklich machen. Wenn ihr gemeinsam lachen und Spaß haben könnt, dann ist alles im grünen Bereich. Doch auch liebevolle Unterstützung tut in schlechten Zeiten richtig gut.

Deine Freunde erfreuen sich an Deiner neu gewonnenen Freiheit und gönnen Dir diese Phase von ganzem Herzen.

Dein Leben ist zu kurz und zu wertvoll, um bei Menschen zu bleiben, die Dir Energie entziehen oder Dir Deine Träume rauben. Oftmals hindern sie Dich daran, Deinen neuen Vorstellungen zu folgen.

Wenn das so ist, lass sie in Liebe ziehen und gehe weiter.

Wichtig ist auch, Dich von Deiner Vergangenheit und alten Mustern zu befreien und Frieden zu schließen.

Dir wird es nicht gelingen, ein neues Kapitel Deines Lebens zu beginnen, wenn Du immer und immer wieder das letzte Kapitel liest. Schlage das Buch zu und fange ein neues an. Schreite mutig vorwärts.

Loslassen bedeutet keinen Verlust, sondern ist ein Gewinn an innerem und äußerem Frieden – und die Freiheit, Du selbst zu sein.

Hole Dir alle einmaligen und wunderbaren Erlebnisse zurück, die ihr als Freunde geteilt habt. Sei dankbar dafür und achte Deine Freunde, auch wenn jetzt der gemeinsame Weg enden sollte.

Vielleicht fragst Du Dich auch:

Was war für Dich das Gute daran? Was durftest Du lernen?

Geh Deinen eigenen Weg ohne Groll weiter – öffne Dein Herz für neue Begegnungen, Partnerschaften oder Gemeinschaften.

Dankbarkeit

Dankbarkeit ist eine Liebeserklärung an das Leben und das Lächeln des Herzens

Dankbarkeit ist für mich der Motor meines Lebens, eine Energiequelle und Lebensinhalt. Immer mehr durchzieht sie mein gesamtes Leben und lässt auch sogenanntes Negatives in einem anderen Licht erscheinen. Inzwischen weiß ich: ALLES hat seinen Sinn, auch wenn ich ihn in dem Moment oder der Situation nicht immer leicht erkenne oder verstehe.

Im Nachhinein kann ich dann sagen: Es war gut so, denn wieder ich bin ein Stück gewachsen. Habe mein Bewusstsein verändert und dadurch mein Leben.

Dankbarkeit ist ein wunderbares Gefühl – das Du in vielen unterschiedlichen Formen ausdrücken kannst.

Hast Du schon mal Deinem Partner, Deiner Familie, Deinen Kinder, Freunden … gesagt, wie dankbar Du bist, sie in Deinem Leben zu haben?

Oftmals vergessen wir dieses. Hast Du den Mut, es auszusprechen, werdet ihr reichlich beschenkt und Eure Herzen freuen sich..

Fühlst Du Dankbarkeit, sendest Du eine sehr hohe Schwingung in das Universum, die sich dann ausbreitet und alles verändert. Dein tägliches Leben bekommt einen ganz anderen Sinn, weil Du dich weiter in dieser hohen Energie befindest.

Vieles nehmen wir als Selbstverständlich hin. Glaube mir, Du hast wirklich allen Grund dazu, dankbar zu sein. Auch wenn nicht immer alles nach Plan verlief, lebst Du in Deutschland schon über eine lange Zeit im Frieden und bist sozial gut versorgt.

Ich war in Afrika, in Mosambik, einem Land, das wirklich arm ist. Den Menschen ging es materiell schlecht und trotzdem hatten sie eine Lebensfreude, die in Deutschland fast verloren gegangen ist ... und sie waren dankbar für ihr Leben und das Wenige, das sie besaßen.

Schau auf Dein Leben zurück und sei Dir bewusst, WAS hast Du schon alles gemeistert. Lass mal all die schönen Dinge in deinem Leben Revue passieren und freue dich daran. Gib den schwierigen Situationen weniger Gewicht, damit Du mutig nach vorne blicken und gehen kannst.

Hör auch auf damit, Dich für alte Fehler zu beschimpfen. Zu dieser Zeit war Dein Verständnis genau auf diesem Stand und Du konntest nicht anders entscheiden/handeln. Hinterher kannst Du gut sagen …. hätte ich doch…. wenn ich das schon gewusst hätte… Inzwischen hast Du jedoch andere Erfahrungen gemacht und bist gewachsen – hast also neue Erkenntnisse bekommen. Deshalb handelst Du heute auch anders.

Ohne diese Fehler (Erfahrungen) wärst Du nicht gewachsen und auch nicht die Person, die Du heute bist. Sei dankbar dafür, dass Du so viele Herausforderungen gut überwunden hast und immer wieder aufgestanden bist. Das ist eine große Qualität!

Unsere Vergangenheit ist der Dünger für unsere Zukunft.

Je mehr Du Dich von alten Gewohnheiten trennen kannst, entfaltet sich jeder Tag zu ungeahnten Möglichkeiten. Freu Dich darauf und wage bereitwillig den Schritt ins Unbekannte – Du wirst auf vielfältige Weise belohnt werden.

Ein Freund hat mal zu mir gesagt:
Ich kann gar nicht aufhören, dankbar zu sein.

So empfinde ich auch.

Der Mensch blickt in der Zeit

zurück und sieht,

das Unglück war sein Glück

Eugen Roth

Vergebung

Vergebung ist so ein Thema, mit dem viele nichts zu tun haben wollen. Wer das nicht kann, trägt den Groll zeitlebens mit sich herum. Um wirklich glücklich leben zu können, ist es ein MUSS. Es schafft so viel Frieden mit sich und anderen. Noch ein Gewinn: Du bleibst auch länger gesund.

Hast Du es einmal geschafft zu vergeben, wirst Du fühlen, wieviel Ballast von Dir abgefallen ist. Du fühlst Dich befreit und freust Dich, wieder Kontakt mit einer (geliebten) Person zu haben.

Selbst habe ich dieses erlebt, wo der Kontakt total abgebrochen war. Mich hat es sehr traurig gemacht – es hat eine Weile gedauert, bis der Weg frei war.

Ich habe den Vergebungs-Prozess erst innerlich gemacht, quasi geübt, also ohne bei der Person zu sein. Auf der Seelenebene war es schon vorbereitet, bevor wir es dann persönlich getan haben.

Als wir uns vergeben hatten, waren wir so voller Freude und berührt, dass diese Fehde endlich zu Ende ist. Dankbar fielen wir uns in die Arme und waren total glücklich.

Jeder ist nun endgültig frei. Keiner ist mehr Opfer. Beide sind Sieger. Wir hatten die Chance, noch viele glückliche Momente zu erleben – und sich nicht erst wieder auf dem Friedhof treffen, weil keiner den ersten Schritt gemacht hat.

Vergib, was Dich verletzt.

Schließe die Vergangenheit ab! Es ist die einzige Möglichkeit frei zu sein für das Leben heute. Gelingt Dir dieses, ist alles endgültig bereinigt. Dein Herz hüpft vor Freude und Deine Seele ist frei. Du bist von niemandem mehr ein Opfer.

Wenn es Dir schwer fällt, liebevoll mit Dir zu sein und Du Dich aus Gewohnheit immer wieder klein machst oder Dich verurteilst, dann versuche diese kleine einfache, jedoch sehr

Wirksame Übung.

Ho´o pono pono ist ein altes hawaiianisches, sehr mächtiges Ritual, das Dein Herz und Deine Seele reinigt und heilt.

Wende es am besten abends an, bevor Du einschläfst. Dann ist Dein Unterbewusstsein besonders bereit, dieses Neue aufzunehmen.

Dieses Ritual ist nicht nur für Dich, sondern Du kannst es auch für andere Person oder Themen anwenden.

Die vier einfachen Sätze lauten:

Ich **vergebe** mir   eigener Name …

Ich **segne** mich   Name

Ich **danke** mir   Name

Ich **liebe** mich   Name

Du kannst auch noch sagen: Ich vergebe Dir, …. Name

Bleibe in der Gegenwart, dem heute, hier und jetzt. Die Vergangenheit ist vorbei, daran kannst Du nichts mehr ändern – jedoch doch immer Deine Einstellung dazu.

Liebe Dich selbst und Du bist glücklich

Fang an, Dein Leben so zu verändern, wie Du es haben möchtest – wenn nicht jetzt, wann dann???

Schau doch auch mal auf Dein Leben zurück und sei dankbar, für die vielen wundervollen Momente, die Du erleben durftest.

Welche Erfahrungen hast Du gemacht, welche Ängste überwunden oder welche Zweifel hinter Dir gelassen, die Dich oftmals beschlichen haben?

Schau auf alles, was hinter Dir liegt. Auf das „Gute" und das „Schlechte". Lobe und wertschätze Dich für das, was Du schon alles geleistet und bewältigt hast. Mach Dir bewusst: All dieses hat Dich zu dieser besonderen und einmaligen Person gemacht.

Solltest Du Hilfe brauchen, um dich selbst lieben zu können?

Gerne biete ich Dir meine Hilfe an. Gemeinsam gelingt es

uns, Deine Widerstände loszulassen, die Dich daran gehindert haben, damit das Gute in Dein Leben strömen konnte. Jetzt ist genau die richtige Zeit, es zu ändern. Du bist wertvoll und hast ein Recht darauf, glücklich und erfüllt zu sein.

Sich selbst zu lieben, fängt mit vielen kleinen Schritten an:

> **Hör endlich damit auf**, Dich zu verbiegen, um anderen gefallen zu wollen. Es wird Dir niemals gelingen! Gib es auf!

> **Lass die Macht** deiner Selbstliebe so stark werden, dass Du Dein Leben nicht länger nach den Meinungen anderer Menschen richtest.

> **Vertraue rückhaltlos** darauf, die richtigen Entscheidungen zu treffen. Deshalb: Mach doch gleich, was Du wirklich willst.

> Wenn Du **Dich selbst liebst**, achtest und gut für Dich sorgst, benötigst Du keine Bestätigung mehr im Außen. Dadurch fühlst Du Dich sicher und bei Dir angekommen. Dir ist es nun egal, was andere von Dir denken.

> **Nein-Sagen** bedeutet liebevoll zu sich selbst zu stehen, seine Grenzen zu wahren. Ein wirkliches Nein hindert Dich daran, Dich später zu verurteilen oder wieder umzufallen.

Schließlich darfst Du Dich auch nach einer Bedenkzeit entscheiden. Das schafft Dir Luft und Du stehst dann voll und ganz zu Deinem klaren, überlegten Nein.

Jeder hat das Recht auf seine eigenen Gedanken und Meinung. Jeder lebt in seiner eigenen Wahrheit und seiner Welt. Anerkenne dieses und das Leben wird einfacher. Wichtig ist, den anderen trotz einer anderen Meinung oder Lebenseinstellung zu achten und zu respektieren.

Weil ich dieses Recht auch für mich beanspruche, erlaube ich es jedem anderen auch.

Willst Du glücklich sein oder Recht haben?

Ich habe mich entschieden: Ich will lieber glücklich sein.

Neue Wege gehen

Endlich ist es so weit:

Du darfst Dir nun aussuchen, was Du alles unternehmen möchtest. Ist das nicht beglückend? Hier sind ein paar Anregungen für Dich. Möglicherweise findest Du etwas Passendes dabei.

➢ Du wolltest schon immer **Sprachen lernen** oder einen Malkurs machen? Mach es jetzt, denn nun ist Zeit dafür und vor allem: Es wird Dich beschenken und bereichern.

➢ **Sei kreativ** und lass Dich von niemandem mehr abbringen, das zu tun, was Dir wichtig ist.

➢ Du fängst an, Dir nicht gelebte **Lebensträume und Wünsche zu erfüllen** - und wenn es ein Gleitflug über die Alpen ist oder eine lang ersehnte Schiffsreise. Spüre schon jetzt die Vorfreude darauf!

➢ Oder es ist an der Zeit, sich für **etwas zu engagieren**, damit Du Deine Erfahrungen und Werte in die Welt bringst. Weil Du weißt, diese können viel Gutes bewirken …machst Du Dich auf den Weg. In Dir entsteht dann ein Gefühl der Freude und Zufriedenheit.

Es ist erwiesen, dass solche Aufgaben einige „Wehwehchen" vergessen lassen Durch dieses Engagement fühlst Du Dich gebraucht, bist erfüllt und wirst dadurch nicht wirklich „alt". Deine Vitalität steigert sich, Glücksgefühle durchströmen Dich und Du fühlst Dich rundherum wohl.

Seit 4 Jahren begleite ich Menschen mit Behinderung. Jedes Mal werde ich sehr reich beschenkt, denn ich erhalte so viel Liebe und Zuwendung – einfach so.

Lass Dich begleiten

Wenn Dir noch gute Ideen fehlen, um Dein Traumleben zu führen, dann **lass Dich begleiten.** Du kannst und darfst Dir Hilfe holen - was ich übrigens immer noch mache.

Das hat mich immer ein großes Stück weiter gebracht, so dass ich heute andere mit meinem Wissen und meiner Lebenserfahrung unterstützen kann.

Zeit, die wir uns nehmen,

ist Zeit,

die uns etwas gibt.

Ernst Ferstl

Zeit – Deine neue Lebensqualität

Zeit scheint in der heutigen Zeit wertvoller zu sein als Geld. Und so ist es auch, denn wenn die Zeit vorbei ist, ist sie unwiederbringlich vorbei und kommt nie wieder.

Mit Geld sieht es schon anders aus. Dieses kann wieder beschafft werden.

> ➤ **Nutze die Zeit,** um Gespräche und Augenblicke nachklingen zu lassen, Dinge zu verarbeiten und zu verändern.

> ➤ **Sammle Kraft**, um Deinen Hobbys nachzugehen. Lerne etwas, was Dir Freude macht.

> ➤ **Triff Dich spontan** mit Deinen Freunden, Deiner Familie oder mit Menschen, die Dich glücklich machen. Genieße jeden Augenblick mit allen Sinnen.

> ➤ **Gönne Dir Zeit**, um Deine Freiheit, Dein selbstbestimmtes Leben wirklich zu genießen. Erlaube es Dir!

> **Sei aktiv** an einer Sache, an Deinen Träumen, Wünschen und Ideen. Verwirkliche diese.

Gönne Dir die Zeit, um Dich selbst zu verwirklichen,

Zeit zur Erfüllung,

Zeit zum SEIN.

Viele werden alt im Leben,

weil sie alles beim Alten lassen"

(Positive Psychotherapie)

„Alter spielt sich im Kopf ab,

nicht auf der Geburtsurkunde"

(Nassrat Peseschkian)

Wie werde ich mich fühlen?

Möchtest Du auch ein erfülltes und spannendes Leben haben, viel Neues ausprobieren und dieses umsetzen? Dann mache ich Dir erneut Mut: Lass Dich von niemandem abhalten, das zu tun, was Dir von Herzen wichtig ist.

Meine Empfehlungen:

> ➢ **Egal, wie alt Du bist:** Es ist nie zu spät, Dir zu erlauben, glücklich zu sein. Probiere so viel wie möglich aus - egal, wie verrückt andere es finden.

> ➢ **Erfinde Dich neu** und blühe noch einmal so richtig auf. Werde die Königin in Deinem Leben und regiere Dein Reich souverän. Ändere Dein Leben so wie Du es haben möchtest. Dein Herz freut sich!

> ➢ **Wirf das raus** aus Deinem Leben, was für Dich nicht mehr stimmt und passt. Trenne Dich von dem, was Du aus dem Kollektiv jemals über das Alter gehört, gelernt und übernommen hast.

➢ **Mach Dir bewusst**, es sind oft die Gedanken anderer, die wir als wahr annehmen. Sie müssen mit Deiner Wahrheit überhaupt nicht zusammen passen.

Nur weil wir diese ungefilterten Aussagen und Konditionierungen einfach von anderen übernommen haben, glauben wir sie. Unser Unterbewusstsein ist wie ein Computer. Er sammelt und speichert einfach alles auf seiner Festplatte. Es hat alles als die einzige Wahrheit abgespeichert, weil uns dieses ständig vorgebetet wurde.

Immer wieder wird das alte Programm aufgerufen. Unser Unterbewusstsein vergießt nie etwas! Es kann nur überschrieben werden, niemals wirklich gelöscht. Deshalb sind Veränderungen wirklich eine Herausforderung, die Zeit, Ausdauer und Übung benötigen.

Vielleicht hilft Dir dieses Bild, es leichter zu verstehen:

Du gehst einmal quer über den Rasen. Nach einer Minute siehst Du nichts mehr davon. Gehst Du jedoch jeden Morgen darüber, um den Weg abzukürzen, dann bildet sich ein neuer Pfad. Genauso ist es in unserem Gehirn, es werden neue neuronale Verbindungen erschaffen. Diese helfen Dir dann, das gewünschte Ziel (die Veränderung) zu erreichen.

➢ **Glaube keinem Deiner Gedanken,** denn es könnte sein, dass es **nicht** Dein eigener ist.

Hört sich schon ein wenig ketzerisch an, stimmt`s?

➢ **Kreiere Dir** Dein eigenes farbenfrohes Bild von Deinem Leben – auch wenn andere meinen, das tut „man" nicht!

➢ **Familie/Freunde zu haben,** sind mit die größten Schätze in Deinem Leben. Sie sind Vertraute, die Dein Leben mit Dir teilen.

Sie verstehen und unterstützen Dich – und mit ihnen wird das Leben ein Abenteuerspielplatz. Der Spaß und die Freude kommen nicht zu kurz!

In schlechten Zeiten sind sie an Deiner Seite. Sie trösten Dich, geben Dir Halt und helfen Dir über die herausfordernde Zeit. Lass Dich ein Stück tragen, bis Du wieder selbst gehen kannst.

➢ **Entdecke etwas ganz Neues**: Je mehr Du einen neuen Lebenssinn oder etwas gefunden hast, das Dein Herz so richtig hüpfen lässt und Dir wirkliche Freude bereitet, fördert es Deine Gesundheit. Es steigert Dein positives Lebensgefühl. Du bist rundum glücklich, zufrieden und dankbar für diese Zeit.

➢ **Sei Dir sicher,** Deine Enkel freuen sich mit Dir, wenn sie eine Oma haben, die so richtig fit und fröhlich das Leben genießt und voll im Leben steht.

Noch etwas sehr tröstliches zum Schluss:

Ein lange vorherrschender Mythos ist überholt. Unser Gehirn ist bis ins hohe Alter in der Lage, Neues aufzunehmen und zu lernen.

Neuroplastizität bedeutet, auch im Alter können neue Nervenzellen nachwachsen, sich neue Synapsen und neue neuronale Netzwerke bilden. Das bedeutet, wir sind bis ins hohe Alter lernfähig – wunderbar! Das haben Wissenschaftler inzwischen herausgeunden.

Die Kernthemen noch einmal kurz zusammengefaßt:

➢ Gestalte jeden Tag bewusst als Geschenk. Lerne erfüllende Zeit mit Dir selbst zu genießen.

➢ Befreie Dich von der Vergangenheit und aus alten Mustern. Finde Frieden in Dir.

➢ Verwirkliche nicht gelebte Lebensträume und Wünsche. Sei erfinderisch und kreativ. Finde genau das heraus, was Dich glücklich macht.

➢ Nimm Veränderungen in Deinem Leben an und bewältige diese. Das ist das einzige, was ständig und immer wieder stattfindet – überall.

➢ Wertschätze Deine Talente und Erfahrungen. Bringe diese in die Welt.

➢ Ein klares Nein erschafft Dir ein glückliches Leben – und darum geht es letztendlich.

➤ Entlasse die Kinder und andere Wegbegleiter in die Freiheit.

➤ Öffne Dein Herz für neue Gemeinschaften und Partnerschaften.

DANKE

Es hat mir viel Freude bereitet, Dich zu inspirieren, Dir Impulse und Anregungen zu geben, damit Du Dein Leben nach Deinen Wünschen besser gestalten kannst.

Nur weil es Dich gibt, kann ich das tun, was ich von Herzen liebe. Für Menschen und mit ihnen Lösungen zu finden, um ihr Leben wirklich umzukrempeln, dafür bin ich da.

Dieses sind nur Ideensplitter oder ein Anfang für etwas ganz Neues in Deinem Leben. Wenn Du diese Lebenszeit mit Freude und Leichtigkeit füllen willst, dann lade ich Dich herzlich ein, besuche meine Seite,

www.heide-dierks.de,

um mehr über mich zu erfahren. Wenn Du magst, rufe mich an (040-668 26 91). Ich helfe Dir gerne und freue mich auf Dich!

Mit großer Freude nehme ich Dich an die Hand, um Dich weiter auf Deinem Weg in Dein aufregendes, beglückendes und erfüllendes Leben zu begleiten. Du hast – wie jeder Einzelne – das Allerbeste verdient!

Nur noch dieses:

Möge es Dir gelingen, auch für Dich die Magie der Jahre 60+ zu entdecken. Genieße diese Zeit. Sie ist kostbar!

Egal, wie viele „Fehler" Du gemacht hast, wie viele Feldwege, Schleichwege, Holzwege, Seitenwege oder Umwege Du schon gegangen bist:

Du bist den einzig richtigen Weg für Dich gegangen.

Vergiss nie:

Du bist gut so wie Du bist!
Du bist und bleibst liebenswert!
Du bist Gottes größtes Wunderwerk!

Herzensgrüße von

Heide, Deiner Lebensverführerin

... und das noch zum Schluss

Auf den Punkt gebracht:

Sieh Dich als das, was Du bist.
Du bist eine Gewinnerin!

Sorgfältig wurdest Du durch die Eizelle aus einem Pool von 300 Millionen Mitbewerbern ausgewählt. Was immer in Deinem Leben passiert, Du schaffst es! Schließlich bist Du in jener Nacht als Sieger hervorgegangen.

Welche Gene davon allerdings aktiv werden, das hängt zum Teil davon ab, wie Du Dir Dein Leben gestaltest.

Mach stets das Beste daraus -
egal wie alt Du bist

Über Heide Dierks

Heide Dierks hat über 40 Jahre Berufserfahrung. Danach hat sie sich mit 65 Jahren als Begleiterin von Menschen selbständig gemacht, die sich mehr Lebensfreude und Glück wünschen.

Als „Deine Lebensverführerin" weist sie zertifizierte Ausbildungen in den Bereichen Spirituelle Psyhotherapie, Quantenheilung, NLP Neuro Linguistisches Programmieren, Releasing (Loslassen) und Persönlichkeitsentwicklung vor.

Seit mehr als 15 Jahren begleitet die Wahl-Hamburgerin Menschen aus allen Schichten zu mehr Lebensglück und Selbstverantwortung.

Ihre Vorträge, Trainings, Workshops und Einzelgespräche treffen genau den Punkt und bewegen die Menschen.

Sie ist liebevoll und zugewandt, klar und präzise, humorvoll und einzigartig - immer bei den Menschen - und ihren Themen. Sie hilft, Veränderungen zu gestalten und kraftvoll, selbstbewusst und mutig ein anderes Leben anzugehen, damit das Glück und die Lebensfreude in Dein Leben kommen.
Sei gewiss, auch Dir gelingt dieses.

Ehrenamtlich begleitet sie in Hamburg Menschen die in „Leben mit Behinderung, Tagesförderstätte Roter Hahn" betreut werden. Außerdem unterstützt sie noch weitere Organisationen.

Egal woher Du kommst,
was immer Du erlebt hast, es lohnt sich,
die Vergangenheit zu befrieden.

Im Heute leben, da liegt die Kraft.

Entdecke mit mir das Wunder
Deines Lebens – Dich!

Bilder:
Quelle Adobe Stock, Fotolia, Shutterstock

Golden royal crown	**37102804**	Scanrail
Brain hands heart a bouqet of roses	**607 813 40**	fabio.berti.it
Endless Sunshine	**776 880 796**	Olena Yakobchuk